ちくま文庫

ゴンベの森へ

アフリカ旅日記

星野道夫

筑摩書房

目次

どれだけ違う世界で生まれ育とうと、
私たちはある共通する一点で同じ土俵に立っている。
それは、たった一度の人生をより良く生きたいという願いなのだ。
そう思った時、異国の人々の風景と自分が初めて重なり合う。

カバー・本文デザイン　五十嵐哲夫

ゴンベの森へ　アフリカ旅日記

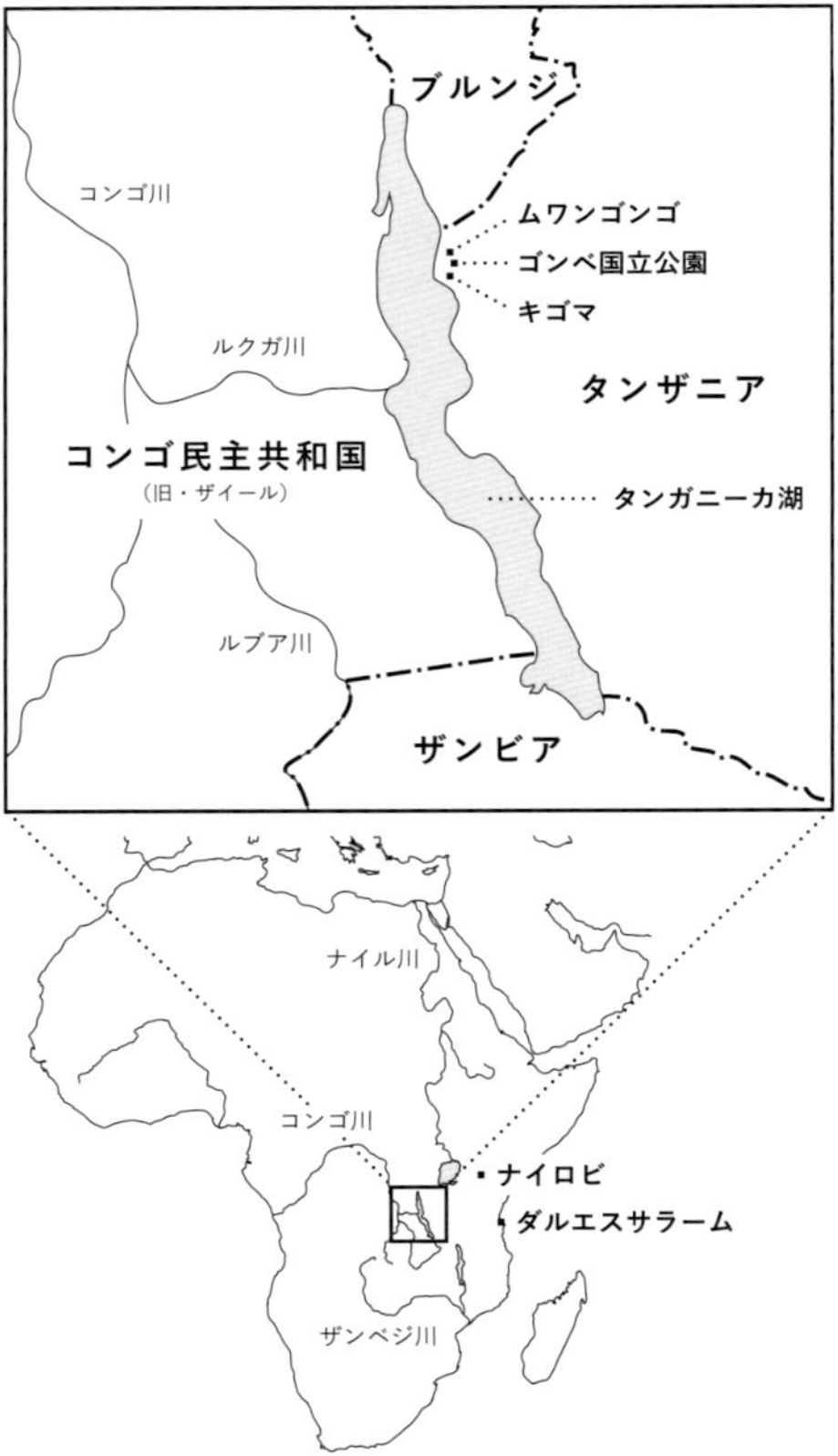

ブルンジ
コンゴ川
ムワンゴンゴ
ゴンベ国立公園
キゴマ
ルクガ川
タンザニア
コンゴ民主共和国
(旧・ザイール)
タンガニーカ湖
ルブア川
ザンビア
ナイル川
コンゴ川
ナイロビ
ダルエスサラーム
ザンベジ川

アフリカだ！　アフリカだ！

まだ夜明け前だというのに、Tシャツはぐっしょりと汗ばんできた。うっそうとした森の中を、息を切らせて飛ばしてきたこともあるが、それにしても何という湿気なのだろう。ふっと、アラスカの、あのひんやりとした乾いた風が懐かしい。

森の中をぐんぐんと高度をかせいでいって、いつの間にか木立ちの間から海のようなタンガニーカ湖が見下ろせる。はるかな対岸の、ぼんやりとした山々の影はザイールに違いない。ぼくは心の中で、「アフリカだ！　アフリカだ！」と叫び続けている。

体のペースが慣れてきて、流れるような汗に心地良ささえ感じてくると、あたりをとりまく密生した森の世界が、少しずつはっきりと見えてきた。時折、奇妙な声が森のしじまを破り、息をひそめた無数の生き物たちの気配を感じる。どこからか、物語を奏でるような美しいさえずりが聞こえてきて、思わず同じメロディを口笛でまねていた。あれが話に聞いていたツグミヒタキのデュエットだろうか。

からみつくツタを辛抱強く体から引き離し、びっしりと行く手をふさぐ密林帯をくぐり抜けてゆく。目的地はもうすぐらしい。陽が昇り始める前に、そこへたどり着かなければならないのだ。

突然、頭上から、小枝の折れる音が聞こえてきた。見上げると、欠け始めた満月が白々と明けゆく空に浮かんでいて、おおいかぶさるように張り出す巨木のシルエットのあちこちで、たくさんの黒いかたまりがゆっくりと動き始めている。ここだ、ここだ。昨晩この群れが眠りにつくのを確かめたという場所にたどり着いたのだ。

ぼくは軽ザックをかついだまま、朝霧に濡れた深い草の中に腰を下ろす。草いきれなのか、土の匂いなのか、見知らぬ大地の香りを味わいながら吸い込んでみる。名も知らぬ小さなバッタが、目の前の草の葉にじっとたたずんでいる。なぜなのか、こんな瞬間、新しい土地へやって来たことを感じる。ライオンやシマウマやゾウを見るよりも、何でもない見慣れた風景の中に、今、アフリカにいることを感じている。

ザイールの空が赤く染まってきた。やがて木の葉のすれあう音と共に、樹上の寝床から目を覚ました森の隣人たちは、影絵のように枝から枝へと伝って地上に降りてくる。

突然、草むらの中から何かが飛び出してきて、小さな叫び声を上げながら、ほとんど肩が触れ合わんばかりにすり抜けて行った。そして、あっという間もなく、次から次へと黒い大きなかたまりが、ぼくのわきを通り過ぎてゆく。やがて、すっかり姿が見えなくなると、いつしか森の中は隣人たちの声に満ちあふれ、ぼくは初めてのアフリカの朝の歌に耳を澄ませていた。

夜明け前のゴンベの浜

東京発12時40分チューリヒ行き

東京発12時40分。スイス航空機はチューリヒへ向かっている。窓ガラスに顔をつけ、眼下に広がるシベリアの冬の風景を見下ろしていると、いつものようにアラスカの原野を飛んでいるような気がしてくる。今の時代、アフリカに行くなんて何も珍しいことではないのだろうが、アラスカをほとんど出たことがないぼくにとって、そこは遠い大陸だった。その遠さは、できるだけ大切にしたい感覚でもあり、旅慣れなんてしたくはなかった。世界とか、地球とかいう言葉に、無限の広がりを感じていたいのである。

人が旅をして、新しい土地の風景を自分のものにするためには、誰かが介在する必要があるのではないだろうか。どれだけ多くの国に出かけても、地球を何周しようと、それだけでは私たちは世界の広さを感じることはできない。いやそれどころか、さまざまな土地を訪れ、速く動けば動くほど、かつて無限の広がりを持っていた世界が有限なものになってゆく。誰かと出合い、その人間を好きになった時、風景は初めて広がりと深さを持つのかもしれない。

子どもの頃に読んだトム・ソーヤーとハックルベリーの冒険は、アフリカの位置を初めてぼくの頭の中に刻み込んだような気がする。ストーリーはもうはっきり覚えてはいないが、たしかトムとハックルベリー、そして黒人のジムが遊園地のアトラクションで、ロープにつながれた気球に乗った場面から物語が始まる。ひょんなことからロープが切れ、気球は空高く舞い上がり、風に運ばれてアフリカに向かってしまうのだ。日常がふっと切れてしまい、何か大いなるものに身を任せてしまうその瞬間が、子ども心をかきたてたのだろう。そしてアフリカは、アメリカから大西洋を越えて東にあるのだという位置感をぼくに残していった。

その後記憶に残るアフリカの話はといえば、これもまた気球での冒険行である。

本のタイトルも忘れてしまったが、タンザニアの東の沖に浮かぶザンジバル島から、海を越えてアフリカ大陸へと渡るイギリスのあるバルーニストのノンフィクションだった。その中で印象的だったのが、海からアフリカ大陸へ近づくにつれ、変わってゆく音の描写である。

私たちが知っている海の音は、本当の海の声ではないという。浜辺に波が打ち寄せる音、船が波を切ってゆく音……。しかし、気球で海原を越えながら、その男がシーンとした静けさの中で聞いたものは、海そのものが持つ壮大なうねるような音だったらしい。ぼくはその本当の海の声を、いつの日か聞いてみたいものだと思った。やがて海の音が消え、何とも言えぬ和音に包まれてくると、雲間からアフリカ大陸が見えてくる。ジャングルのさまざまな生き物たちがかもし出すその和音が、ぼくのイメージの中の最初のアフリカだった。

機内のアナウンスが聞こえてきて、窓の下にはスイスの田園風景が広がっている。成田を飛び発ってからずっと読み続けていた本、『心の窓――チンパンジーとの三〇年』を閉じ、ザックの中にしまう。チューリヒの空港では、友人のミヒヤエルと、この本の著者ジェーン・グドールが待っているのだ。

「オーイ、ミチオ、こっちだ！」

しばらく空港のロビーの中で迷っていると、エスカレーターで降りてくるミヒヤエルの姿が目に入った。昨年（一九九四）の十月、オーストリアのザルツブルクで別れてから、四カ月ぶりの再会である。

「よく来たな。とうとう夢が実現したってわけだ！」

ミヒヤエルはぼくの肩を揺さぶりながら、何だか遠足へ出かける子どものようにはしゃいでいる。そう、夢が叶ったのだ。時差ボケで頭が回らないぼくも、急に嬉しさが込み上げてくる。

「出発までまだ時間があるけれど、ジェーンもすでに来て、上で待っているんだ」

待合いロビーに向かうと、人混みの中で、その女性はひとり際立っていた。着飾った人々の群れの中で、あまりに質素なたたずまいだったたからだ。まわりのすべてのものが動いていて、彼女だけが取り残されて静止しているかのようだった。

「ジェーン、紹介するよ、友人のミチオだ」

彼女はぼくの目を見つめ、ほほえみ、手を差し出してきた。

「はじめまして。ジェーン・グドールです」

「はい、はじめまして……」

さっきまで読んでいた本の著者が、いつの間にか目の前にいて、ぼくは次の言葉が出てこない。

「一緒にアフリカに行けて光栄です」

やっと思い浮かんだ陳腐《ちんぷ》なセンテンスだが、それは正直な気持ちでもあった。初めてのアフリカを、ジェーン・グドールと一緒に旅することができるなんて……。

私たちは、ここからケニアを経て、タンザニアの首都ダルエスサラームへと向かう。だいぶ遅れているらしい出発便を待つ間、ぼくとジェーンは、現地のタンザニア人のスタッフへ、いつも持って帰るという、おみやげのチョコレートを買いに出かけた。

「ミヒャエルから、いつもあなたのこと聞いていたわ。アフリカは初めてなの?」

「ええ、まったく……本当に楽しみにしていたんです」

ぼくがジェーン・グドールに会いたかったのは、彼女を通してアフリカという世界を垣間見たかったからだろう。生まれ故郷を離れ、新しい土地へ移り、そこで生き続けてゆくことの意味を、ぼくは少しずつわかりかけていた。アラスカとアフリカという違いこそあれ、ぼくは彼女の著作を読みながら、ある共通する想いを感じていた。

これから長旅なんだと思うと、何だか気も楽になり、それにアラスカに共通の友人がいることもわかって、急に親しみが湧いてきた。そして、ジェーン・グドールは、すてきな人だった。

出発ロビーの長椅子に三人で腰かけていると、近くにいたスイス人が、ミヒャエルに小声で聞いている。

「もしかすると、そこにいるのはジェーン・グドール博士ですか？」

日本ではあまり知られていないけれど、ヨーロッパでは、ジェーンを知らない人はいないくらい有名なのだ。

ぼくは、アラスカの友人、ジョン・ヘクテルのことを思い出した。ジョンはアラスカ野生生物局の研究者で、クマのフィールド調査にかけては右に出る者はいない、グリズリーベアの専門家である。アラスカ野生生物局とは、アラスカの野生動物の状況を調査する州の機関で、アラスカの自然と関わってゆきたい若者たちの憧れの仕事場かもしれない。大自然がそのまま仕事場なのだ。ジョンは生物学者の枠を超えて、クマという生き物に限りない想いを抱いていた。仕事を離れ、冬になると、老人ホームや小学校をまわりながらクマの話を聞かせる彼を、ぼくはいつも遠くから見つめていた。ジョンの中のある種のアマチュアリズムが好きだった。

アラスカ野生生物局の中でもジョンのおかしさは定評があり、ぼくたちは同い年のこともあって、会えばいつも冗談を言い合う親友だった。おたがいに生物の骨や頭骨を集めるのが好きで、ジョンのコレクションの素晴らしさは、まあ仕事柄ということもあるが、もしかするとアラスカで五本の指に入るかもしれない。

ジェーン・グドール

ジョンがほしい古くなったぼくのカメラの機材と、ぼくがほしいジョンのコレクションを、これまで何度交換したかわからない。

「おい、ミチオ。三〇〇ミリのレンズを捜しているんだが、使っていないのあるか？」

「ああ、あるよ……そうだな、オオカミの頭骨ひとつでどうだ」

といった具合に、ぼくたちは昔ながらの物物交換をいつも楽しんでいる。冗談で（だと思うのだが）、先に死んだ方が頭蓋骨《ずがいこつ》をあげることにもなっている。

話がそれてしまったが、ぼくはつい数カ月前に、ジョンと交わした会話を思い出していたのだった。

「ジョン、今度ジェーン・グドールと一緒にアフリカに行くことになったんだ」

「えっ、……信じられないなあ。おれをからかっているんだろ」

「本当、本当だってば……ジェーン・グドールと一緒にアフリカに行くんだよ」

ジョンは二十代の頃、ピースコア（アメリカの青年海外協力隊のようなもの）でアフリカに行っているが、オートバイの事故で九死に一生を得、その時の大手術で脾《ひ》臓《ぞう》を失い、もう二度とアフリカに戻ることができない。アフリカの伝染病に対する抵抗力がないのだろう。それだからなのか、ジョンは何年かを過ごしたアフリカでの話をほとんどしたことがない。そしてジョンにとって、同じ動物行動学者として、ジェーン・グドールは憧れの人だったのだ。

ジェーン・グドールは約40年にわたって、ゴンベの森でチンパンジーの観察研究を続けている

タンザニアへ

この旅が実現したいきさつは、友人のミヒャエルの話から始めなければならない。ミヒャエル・ノイゲバウアーは、オーストリアのザルツブルクで小さな絵本の出版社を経営している。ずっと以前、そこでジェーン・グドールのチンパンジーの絵本を作ったことがきっかけで、ふたりは親しくなったのだ。

「初めて会ったのは、動物行動学者コンラッド・ローレンツの家だった。当時、野生動物をテーマにした絵本のシリーズを考えていて、ローレンツの他に、ジェーン・グドールにも参加してほしかった。でも、彼女の本を出す出版社は決まっていて、無理だと断わられたんだよ。ジェーンはすでに世界的に有名だったし、こっちは家族経営のような小さな出版社だからね。それはそれで仕方がないと思って、とにかくその日は仕事の話はしないでジェーンらと楽しく過ごしたんだ。そして車でジェーンをホテルまで送る帰り道、彼女が突然、一緒に絵本を作ると言い出した」

それからは、ふたりは出版人と著者の関係を超え、ミヒャエルは彼女を陰で支え、ジェーンは彼を自分の弟のように大切にしてきたらしい。素朴で、のんびりとして、いたずらっ子がそのまま大人になったようなミヒャエルを見ていると、ジェーンの気持ちがわかるような気がする。一年の大半を、研究資金を集めるために世界中を飛び回り、身をすりへらしている今のジェーンにとって、ミヒャエルは数多くの彼女を支える人々の中でも、とりわけ心を許せる存在なのだろう。ジェーンは、毎年クリスマスが近づくと、ザルツブルクでミヒャエルと過ごすのを楽しみにしている。

さて、ぼくとミヒャエルの関係も、同じシリーズでクマの絵本を作った時から始まっている。それよりずっと以前から、ぼくたちは共通の友人が日本にいることもあり、初めてザルツブルクで会った時から古くからの友人のように親しくなっていた。そしてその時から、いつか一緒に、ジェーンのフィールドであるタンザニアのゴンベの森を訪ねようと、ミヒャエルはずっと計画していたのだった。アラスカとオーストリアの間で、ぼくたちは何度電話でこの旅の夢を語り合っただろう。

「ミチオ、絶対時間を作れ！　三人の都合がうまく合う時なんてなかなかないんだから。きっと、素晴らしい旅になるぞ！」

受話器から聞こえてくるそんなミヒャエルの声は、今も心に残っている。誰にも、思い出を作らなければならない「人生のとき」があるような気がする。わずか十日ばかりにすぎない旅だが、一日一日が珠玉のような大切な時間なのだ。

深夜のチューリヒを飛び発ち、一路アフリカへ向かいながら、いつかアラスカからニューヨークへ飛んだ夜のことを思い出していた。飛行機で旅をする時、ぼくは夜行便が好きだった。零時近くにフェアバンクスを発ち、明け方にはニューヨークに着くのだが、時差が四時間あるので、十時間近くアメリカの夜を飛び続けるのだ。

窓に顔をつけて眼下を見下ろしていると、アラスカの雪の原野が月光に照らし出され、凍てついた山々や氷河の陰影がくっきりと浮かび上がっている。そんな中に、時折、ポツンと、かすかな灯を見ることがあった。誰かが原野で暮らしているのだ。そう思うと何だかひどく切ない気持ちになって、いつまでもその光から目が離せない。やがてシアトルの大都会の夜景が飛び込んできて、そこからはニューヨークまで地上の光が絶えることはない。原野に浮かぶ光にも、大都会を埋め尽くす夜景にも、ぼくは同じような愛しさを感じていた。それは人間の営みが抽象化され、私たちの存在がひどくはかないものに見えるからかもしれない。そしてこの夜、アフリカの光を見ることができるだろうか。

ダルエスサラームまで七時間三〇分。すっかり寝込んでしまい、目が覚めると眼下にアフリカが広がっていた。朝陽を浴びたキリマンジャロの真上を通過する時、ふと後部座席のジェーンに目をやると、彼女も窓ガラスに額をつけて食い入るように見つめている。ジェーン・グドールにとって、キリマンジャロはどんな山に映っているのだろう。二十代から三十数年の歳月をアフリカで生きた彼女に、この山はさまざまなことを語りかけているはずだ。風景とは言いかえれば、人の思い出の歴史のような気もする。風景を眺めているようで、多くの場合、私たちは自分自身をも含めた誰かを思い出しているのではないか。誰だって、他人の人生を分かち合うことなんてできはしないように、それぞれの人間にとって、同じ風景がどれほど違って映るものなのだろうか。

ダルエスサラームの空港に降り立つと、眩《まばゆ》いばかりの陽の光と、ムッとするような熱気に包まれた。ミヒャエルと顔を合わせ、初めてのアフリカの大気を胸いっぱいに吸い込んだ。チューリヒの空港の人混みの中で、どこか場違いだったジエーン・グドールの姿も、アフリカの風景の中に溶け込んでいる。私たちは、誰しもいつの間にか風景さえ背負い込んで生きているのだろう。

ダルエスサラーム、ジェーンの家

空港には、留守をあずかるジェーンの友人が迎えに来ていて、私たちはジープに乗り込み、ダルエスサラームの彼女の家に向かった。今日はここで一泊し、明日、タンガニーカ湖のほとりのキゴマへ飛び、そこからボートでゴンベの森へ渡るのだ。

タンザニアの首都、ダルエスサラームは、質素なたたずまいの町だった。中央通りを抜け、郊外のジェーンの家にたどり着くまで、たったひとりの白人も見かけることがなかった。タンザニア人でごった返す露店の風景を眺めながら、この大陸が抱える悲劇性をふと思った。が、アウトサイダーが決めつける客観的な悲劇性と、そこで日々を生きる人々の想いは必ずしも重ならない。「過酷な自然の中で生きるエスキモー」と私たちが思う時、「過酷な自然」と感じながら生きているエスキモーは、おそらくひとりもいない。きっと、何と豊かな世界に生きている、と思っているだろう。見知らぬ異国にやって来て考えることは、そこで暮らす人々と自分の埋めようのない距離感と、同じ時代を生きる人間としての幸福の多様性である。どれだけ違う世界で生まれ育とうと、私たちはある共通する一点で同じ土俵に立っている。それは、たった一度の人生をより良く生きたいという願いなのだ。そう思った時、異国の人々の風景と自分が初めて重なり合う。

アラスカを旅しながら、さまざまな人に出合い、それぞれの物語に触れるたび、ぼくの中のアラスカは塗りかえられていった。それは、とても一言でくくることのできない現実の多層性というものである。「アル中、若者たちの自殺……新しい時代のはざまで方向を見失ってゆくアラスカのエスキモー、インディアン」と言い切ってしまった時、そこにより良い道を模索しようとしている若者たちの姿は見えてこない。そして少し見方を変えれば、現在のマイナスの状況さえも、次の新しい時代を獲得するための通らなければならない道かもしれないのだ。幸福を模索するひとりの人間の一生が、一本のレールの上をできるかぎり速く走ることではないように、民族や人間の行方もまた、さまざまな嵐と出合いながら舵をとってゆく終わりのない航海のようなものではないだろうか。

「カリブ、カリブ!……」

ダルエスサラームの町からずっと離れたジェーンの家に着くと、タンザニア人の使用人たちが出迎えてくれた。カリブとは、スワヒリ語で「ようこそ」という意味。石造りの家のまわりには色鮮やかな花が咲き乱れ、裏手のテラスを抜けるとインド洋が広がっている。この海から世界を描くと、アラスカははるかなる北の異国だった。人の暮らしも、風が運ぶ匂いも、幸福のあり方も、また違って見えた。旅とは、さまざまな意味において、今自分がいる場所を確認しにゆく作業なのかもしれない。

ジェーンの家に入ってゆくと、ひんやりとした心地良い空気に包まれた。皆がテラスの方へ出て行ったが、ぼくはひとりで家の中を歩いていた。使い古した机と椅子、時代物のタイプライター、アフリカの人を彫った小さな置き物……人間の記憶とは不思議なもので、長い歳月がたった時、そんな何でもない風景が浮かび上がってくるものだ。

ふと、殺風景な部屋の壁にかけられている一枚の写真に目が留まった。それはタンザニア政府の要人たちの古く色褪《あ》せた集合写真だった。真ん中に大統領らしき人が立っていて、その中にたったひとり白人がいた。この人がジェーンの二番目の夫、デレック・ブライソンに違いない。多くは書かれていないが、彼の存在はジェーンの本の中で強い印象で残っていた。

デレックは第二次大戦中、英国空軍の戦闘機のパイロットだった。だが、数カ月勤務しただけで、中東で撃墜されてしまう。彼はその時わずか十九歳。命は取り止めたものの、脊椎《せきつい》に損傷を受け、医者からは歩くことができないだろうと告げられる。しかし彼は、不屈の精神でハンディを克服し、ケンブリッジ大学で農学の学士号を得る。そして、当時キリマンジャロの山麓《さんろく》にイギリス政府が開いた農園の仕事に応募、小麦栽培の農業経営者となってゆく。そして、タンガニーカの独立運動をしていたジュリアス・ニエレレとの出合い。それは、彼の人生を大きく変えていった。デレックはアフリカ民族主義運動に加わり、タンガニーカがザンジバル島と連合してできた新生タンザニアのために力を尽くし、国会議員に選出されると、ついに農業大臣となってゆくのだ。ジェーンが彼に出合ったのは、ちょうど、その頃だった。すでにデレックは、タンザニアの人々の尊敬を一身に集めていた。

タンザニアでは、ジェーン・グドールは彼女自身の名前ではなく、「ママ・ブライソン」と呼ばれている。「デレックがいたからこそ、自分はこの国でやってゆけたのだ」とも、ジェーンは言っていた。そして、このダルエスサラームの家は、もともとデレックの家だったのだ。泥棒の多いこの町では、すべての大きな家に、見張りとしてタンザニア人の門番が雇われている。が、ジェーンの家だけは今も見張りはいない。ここは「ママ・ブライソン」の家だと誰もが知っていて、泥棒さえも敬意を払っているというのだ。デレックは、それほどタンザニアの国民に慕われていた。

タンザニア独立から間もない1960年頃
前列左から3人目がデレック・ブライソン
ひとりおいてジュリアス・ニエレレ大統領

ジェーンの本を読んでいると、彼女がどれほど夫を深く愛していたかが、ひしひしと伝わってくる。が、デレックは結婚してわずか五年後に癌《がん》で亡くなり、ジェーンは悲しみに打ちひしがれた。そして現在の彼女にも、このダルエスサラームの家にも、どこか悲しみが漂っている。ぼくは、ふと、ジェーンがキリマンジャロを見下ろしながら考えていたのはデレックのことではないかと思った。

インド洋を望むテラスに座り、私たちは旅の疲れを癒《いや》していた。長い間ダルエスサラームを留守にしていたジェーンは、さまざまな連絡に追われている。どうやら今夜地元のテレビ局のインタビューもあるらしい。タンガニーカ湖のゴンベの森で私たちと過ごした後も、講演のために南アフリカのヨハネスブルクに向かうことになっている。たったひとりでチンパンジーの観察を続けていた昔と違い、研究所の資金集めのために世界中を飛び回る今の彼女にとって、ゴンベの森で過ごす一週間は大切な時間なのだろう。

夕方、ぼくとミヒャエルは、ベッドに吊るす蚊帳《かや》を買いに町へ出かけた。マラリアにかからないための蚊よけである。

「アラスカの夏のツンドラの蚊のすごさを聞いたことがあるけど、実際そうなの？」

「ああ、ミヒャエルの想像を絶するだろうな。でも、ただかゆいだけ。何の病気もないんだよ。それにヘビや毒虫もまったくいないんだ」

ぼくはふと、蚊もいなくなった秋のアラスカを思い出した。ブルーベリーの実をたっぷり摘んだ後、ツンドラにごろりと横になって、極北の風に吹かれながらひと眠りする心地良さ。時折、あたりを見回してクマがいないかと確かめる以外、心配することは何もない。のどを鳴らすような合唱に目を覚ますと、カナダヅルの大群が南へと渡ってゆく。ワイン色に染まった原野と、新雪をかぶった山々のコントラスト。あの極北の秋の美しさはたとえようがない。

ジェーンの家で過ごすアフリカ最初の夜、旅の疲れもあってか、ぼくはすぐに寝入ってしまった。夜中に目を覚ますと、ほんの一瞬、自分が今どこにいるのかわからなくなっていた。寝袋の中から、さまざまな虫たちが奏でる夜の声に耳を澄ませていた。

「ママ・ブライソン」の家

キゴマ、そしてタンガニーカ湖

朝一番のタンザニア航空機でキゴマに向かう。軽い機内食が出た時、ジェーンは塩やコショウの小袋を大切そうに自分のバッグにしまっている。ぼくの視線に気付くと、ジェーンは何も言わずにニコッと笑う。私たちが日常何気なく使っている物が、ゴンベの森の生活で、いかに貴重になっているのかを後になってぼくは知るのだが……。

途中でスコールとなり、飛行機はどしゃ降りの中を途中の村マカベに着陸した。窓ガラスに泥がはね上がり、滑走路とはいっても、ただのぬかるんだ地面である。このままだと離陸に必要なスピードが出ないらしく、雨が止《や》むまで、しばらく待つことになった。全員が飛行機を降り、滑走路のわきに一軒建つ、殺風景な待合所に入った。

「ミヒャエル、この雨止むのだろうか？」

「わからないな。ここで二、三日足止めを食う可能性だってある。雨期に入ったばかりだからね」

「もしそうなったら、旅の予定がメチャクチャになってしまうなあ……」

「ミチオ、アフリカに来たら、自分の思うように事が進むなんて考えは捨てるんだな。天気も、さまざまなトラブルも、すべてを受け入れてゆくってわけさ」

何度かアフリカの旅を経験しているミヒャエルが、わかっているように講義をする。そう言えば、同じようなことを、自分もアラスカで、誰かに言ったことがあったっけな……。

けれども、止みそうにもない激しいスコールを見つめていると、雨というものが、アフリカの大地に果たす役割を考えずにはいられない。それは太陽とアラスカの大地との関わりのように、一年の自然の営みに、強いリズムを与えているのだろう。アフリカの雨期と乾期、アラスカの太陽の沈まぬ白夜の夏と暗黒の冬、

朝焼けのタンガニーカ湖に、無人のボートが浮かぶ

その振幅の中で自然も人の暮らしも操られている。

アラスカ、つまり極地に暮らしていると、太陽の存在をいつも意識している。一日に描かれる太陽の弧の大きさが気になるのだ。太陽の沈まぬ白夜の季節には、心のどこかで、やがてやって来る冬の在処《ありか》を感じ、太陽が昇って来ない暗黒の季節には、ひたすら春を待ち焦がれる。その大いなるものの存在は、生かされているという想いを人々に抱かせるのだが、アフリカの雨もまた同じ力を持っているのだろう。

一時間がたち、雨は小降りにさえならないのに、パイロットがやって来て出発すると言う。滑走路はさらにぬかるんでいるはずだし、こんなことならあのまま離陸してしまった方がましだったのに……。二十人ほどの乗客が、たがいに顔を見合わせながら、どこか不安そうに滑走路へと歩いてゆく。後で聞いた話によれば、タンザニア人のふたりのパイロットは、その夜、キゴマで開かれるパーティに、どうしても行きたかったらしい。それもまた、ミヒャエルが言っていた、受け入れなければならない私たちの運命なのである。

機内に乗り込むと、パイロットが出てきて何やら指示している。

「ミヒャエル、何と言ってるんだ？」

「どうやら全員を後部座席に移そうとしているらしい」

「離陸に失敗して衝突した場合を想定してるのか？」

「まあ、そんな感じだな」

ジェーンと目が合うと、彼女も「困ったね」という顔をしている。エンジンが始動し、プロペラが回り出すと、ぼくはまだ一歳にもならない息子の写真を取り出して見つめている。後ろでそれを見ていたミヒャエルには今でも冷やかされるが、とにもかくにも、機体は泥の滑走路を最後まで走り切り、奇蹟的にもふわりと空中に浮いたのだった。ぼくは、落ち着いた顔つきで隣に座っていたタンザニア人に、「恐かった？」と聞くと、「とても恐かった」という答えが返ってきた。

タンガニーカ湖のほとりのキゴマの町は、ぼくが抱いていたアフリカだった。四輪駆動のジープで、でこぼこ道を揺られながら、道沿いの人々の暮らしを眺め

海のようなスケールに見えるタンガニーカ湖

雲の動きは見ていて飽きることがない

タンガニーカ湖は世界でいちばん大きな、汚染されていない湖水だと言われている

夕日に染まる湖面を行くウォータータクシー

ていた。質素な土の家、背中にいっぱいの果物をかつぐ行商人、ウシを引く人、裸足で遊び回る子どもたち……アラスカであれ、アフリカであれ、それぞれの運命の中で生きる人間の風景は、いつもぼくを励ましてくれる。

人はどのように生き延びてゆくのか。物質文明の豊かさと余裕の中で生まれてくる私たちの心の問いかけも、日々の暮らしに逆に問われ続ける人々の前では、なぜか色褪せてくる。

湖の（と言っても海のようだが）ほとりの宿まで荷物を運び終え、私たちはそこでボートを待つことになった。それはウォータータクシーと呼ばれる、タンガニーカ湖で生きる人々の交通手段である。今日は風が強く、湖の波は荒れているらしいが、私たちは湖岸伝いに進んでゆくことになった。ここからゴンベの森まではボートで三時間ほど。とにかく、今日中にゴンベに行けるらしいとわかり、ホッとした。

タンガニーカ湖の船旅は楽しかった。船首に座り、風を受けていると、アフリカは少しずつぼくの体にしみ込んでくるようだった。タンザニア、ザンビア、ザイール、ブルンジの国々に囲まれたこの湖は、まったく海のようである。湖岸伝いに進んでいるので、私たちは水辺の人々の暮らしを眺めながら旅することができた。

時折、現れる美しい砂浜では、人々は網の手入れに忙しそうだった。その背後には、茅葺《かやぶ》きの昔ながらの小屋が建ち並んでいる。村はその背後にあるらしいが、少なくともボートから見る風景は、ぼくのイメージの中の遠いアフリカと変わらない。

「ジェーン、この岸辺の風景は、昔とあまり変わっていないのですか？」

「そうね、湖沿いの森はずいぶん消えてしまったけれど、浜辺の人々の暮らしは、私が初めてやって来た頃とあまり変わっていないかもしれない」

もしジェーン・グドールが、ここでチンパンジーの研究を三十数年前にスタートしなければ、ゴンベの森はとうに消えていただろう。つまりチンパンジーもいなくなっているということだ。が、生きるために森を切り開かなければならなかった人々にとって、なぜチンパンジーのために森を守らなければならないのかを

ボートはタンガニーカ湖をゴンベへと向かう

理解することは難しかったに違いない。アフリカにおける人間と自然との関わりは、他の世界に比べ、より切実な気がする。

以前、密猟のフィルムを見たことがあった。絶滅の危機に瀕するシロサイを密猟から救うため、捕獲した十頭近いシロサイをオーストラリアへ運び、いつの日かアフリカが安定するまで、種の遺伝子を別の国で守ってゆこうとするプロジェクトだった。計画は失敗するのだが、印象的だったのは、アフリカ人の密猟者の獄中でのインタビューである。

つまり、一頭のシロサイの角を白人に売れば、家族を何年間も養えるというのだ。なぜ生命を賭けてまでも密猟をするのか、ぼくは、そのわけが少しわかったような気がした。

自分がアフリカの貧しい村に生まれ、もしその男の立場だったなら、それをやらないと果たして言い切れるだろうか。人間は理想だけではなく、現実との折り合いをつけながら、その振幅の中で日々を生きている。だからこそ、その中で残ったゴンベの森が美しいのだ。夕暮れ近く、ボートはゴンベの砂浜に乗り上げた。

ゴンベ周辺に住む人々は、漁業や農耕で暮らしを立てている

ウォータータクシーは、タンガニーカ湖に生きる人々の唯一の交通手段だ

浜辺の漁師小屋

ゴンベ国立公園の北部にあるミトゥンバキャンプの小さな台所。彼は地元の研究員

ゴンベの夜

私たちが泊まる場所は、メインハウスから五〇メートルほど離れた小さなゲストハウスだった。何の飾りもない、そして電球さえもないただベッドが置いてあるだけの殺風景な部屋である。ここでは雨露さえしのげれば、それでいいのだ。

トニーという、この研究所の責任者に簡単な注意を受ける。

「このテラスの金網のドアは必ずいつもカギをかけておくこと。あたりにはバブーン（ヒヒ）がたくさんいて、ここが開いているのを絶対見逃さないからね。荷物も食べ物も持って行かれてしまう。そして部屋のドアもヘビが入ってこないように閉めておいた方がいいかもしれない」

アフリカの最初の洗礼がヒヒになるのか、ヘビになるのかと、少し想像もめぐらしたが……それは結局、サソリになった。朝起きると、ベッドの上に何やら丸まった生き物が目に入り、死んでいるのかと恐る恐る触ってみると、途端にシュルシュルと尾を上げながら動き出したのだ。けれども、広大なタンガニーカ湖のほとりのこのベースキャンプは素晴らしかった。暗い部屋の中にいても、打ち寄せる波の音が聞こえていた。

夕食の時間になり、ゴンベの森の研究スタッフがメインハウスに集まった。そこは殺風景だが無駄な物が何もない気持ちの良い場所だった。夕食はタンガニーカ湖で獲れた魚の煮込みと米。電気がないので、床に置かれたランプに火をつけると、暗闇の中で私たちの影が壁に浮かび上がった。ジェーン・グドールという世界的な動物行動学者の研究所は信じられぬほど簡素だった。

私たちは夕食を取りながら、たがいに自己紹介をした。トニー（アンソニー博士）は、十年近くヒヒの研究をしていて、この研究所のあらゆるマネージメントを受け持っていた。ケイト（カトリーナ・フォックス）は、若い女性の研究者で、ゴンベの森に来て一年もたっていなかった。そして、ビル・ウォラウアー。彼はか

若い葉っぱを食べるヒヒ

ゴンベの森には、それぞれ約50頭からなるヒヒのグループが5組ある
研究所では、1967年からヒヒの観察も始めた

つてアメリカからピースコアのスタッフとしてアフリカに来た時、ジェーンと知り合い、数年後に研究所のスタッフとなった。ビルは生物学のバックグラウンドを持っていなかったが、抜群の体力と素晴らしい人間性を兼ね備えていた。そして、このゴンベの森の主人公はビルだった。彼は夜明け前から森に入り、チンパンジーの群れがその夜のねぐらを見つけるまで、毎日彼らと行動を共にしていた。真っ黒に日焼けし、強い背筋と長い腕を持つビルを見ていると、ムースを研究するアラスカのある生物学者が長い顔をしていたのを思い出し、何だかおかしくなった。

「アラスカには、もう何年くらい暮らしているの？」

「どうしてまた日本からアラスカに行く羽目になったのさ？」

「寒いんだろうな。オーロラって見たことがある？」

「アラスカって聞いても、雪と氷以外、イメージが湧かないよなあ」

アフリカの夜の静けさの中で、しばしの間、誰もが見知らぬ遠い世界へ想いを馳せていた。やがてアラスカの話も尽きると、ゴンベの森で起こっているある問題について話し始めていた。それはフロドと呼ばれるチンパンジーのことで、その狂暴性が、いつか取り返しのつかぬ事故を招くかもしれないと心配していたのである。初めてゴンベに来たぼくは、一体どういうことなのか、その状況がわからず、ただぼんやりと皆の話に耳を傾けていた。

虫たちの小さな合唱が聞こえる他は、本当に静かな夜だった。暗闇の中で、私たちはそれぞれの椅子に座り、誰の顔も見えずに話していた。壁に映し出された私たちの影が、ランプの灯に揺らめいていた。

ジェーンの静かな語り口は、アフリカのこんな夜にぴったりだった。ぼくは何かうっとりした気分で初めてのゴンベの夜を過ごしていた。翌朝、そのフロドというチンパンジーに襲われるとは知らずに……。

左から、ミチオ。フィールドディレクターのトニー
フィールド研究員のヤハヤ。ジェーン。映画会社のカメラマン、ギル
「ナショナル・ジオグラフィック」誌の編集者ピーター
研究員ビル。BBCのジェーンの番組を制作したジョン

EPSIPEPSIPE

陽気な子どもたち

貝殻などを売る男性

森の問題児フロド

フーホー、フーホー、フギャー！……私たちはチンパンジーの叫び声に満ちた朝の森の中にいた。夜明け前から山を登り始め、昨夜群れがねぐらに選んだ場所にやっとたどり着いたのだ。シーンと静まり返った極北の針葉樹の森しか知らぬぼくにとって、さまざまな生命の声にあふれるアフリカの熱帯雨林は何もかもが新鮮だった。リスではなく、チンパンジーがこの森にいるのだ。

木の枝やツルにつかまりながら、彼らは滑るように地上へ降りてくると、私たちの前の草むらを通り過ぎてゆく。そして一頭のチンパンジーがジェーン・グドールをじっと見つめている。

「あれが、フィフィよ……」

ジェーンはまるで古い知己《ちき》にめぐり合ったように嬉しそうだった。半年ぶりの再会だったのである。

突然、遠くのヤブの中から大きなチンパンジーが現れ、地面を叩きながらこちらへ突進してくる。

「さあ、来るわよ!」とジェーンが小さく叫んだ。次の瞬間、ミヒャエルが頭を叩かれ、……後のことは何がどうなったのか、記憶は混乱している。ただ自分の体にゴワゴワした毛並みの異物がぶつかり、ジェーンの上に突き飛ばされて、そのまま一緒に山の斜面を転がって行ったのははっきり覚えている。

フロドは私たちの間を何度かすり抜けながら、全員をもれなく攻撃し、ジェーンやスタッフをパニックに陥れた後、何食わぬ顔で丘の上に座っていた。一体何が起きたのだ。ぼくも体中泥だらけになった。手からは、すり傷で血が流れている。

やっと皆の気持ちが落ちつくや否や、フロドは二回目の攻撃に出た。今度はジェーンを目がけて飛んできて、足を引っ張りながら山の斜面から引きずり下ろそうとしている。そしてもう一度私たちに威嚇を示した後、森の中へと消えて行った。誰もが呆然とフロドの行動を見つめているだけだった。

あのチンパンジーがゴンベの森の問題児だったのか。ぼんやりと聞いていた昨日の夜の会話が急によみがえってきた。

「フロドにはまったく手を焼いている。いつかスタッフの誰かが大きなケガを負うかもしれないな」

「特に崖っぷちで出合った時が恐い。突き落とされる危険があるんだ」

「フロドは、ゴンベの森でこれまで最大のチンパンジーだ。立ち上がると、ほとんど人間と同じ大きさだ。ということは我々の五～八倍の力を持っているということだからね」

「いや、襲われるのが研究スタッフだけならまだいい。観光客が歩く道に現れたら大変なことになると思う」

「でも一体どんな良い解決法があるだろう。まさか捕獲して動物園に送るということはできないだろうしね」

「いや、ゴンベの森の未来を考えたら、それもひとつの選択肢かもしれない」

「フロドの遺伝子はどうなるんだ。ゴンベの森の次の世代のことを考えるなら、受け継がれるべき強い遺伝子も同じように大切なのではないか」

ジェーンは、研究者たちのさまざまな意見をじっと聞いていた。もしいつか大きな事故があれば、これまで築いてきたジェーン・グドール財団は苦境に立たされるだろう。資金援助をしてきたさまざまなスポンサーが手を引き、長年のジェーンの仕事は大きな打撃を受けるかもしれない。が、もしフロドを動物園に送ったならば、たとえその判断がゴンベの森のチンパンジーの未来へつながっても、それは彼女が目指してきた自然と人間の関わりに相反することである。子どもたちを含め、世界中の人々がジェーンの仕事を見つめ、夢を託しているのだ。

ゴンベの森に棲むチンパンジー

暴れん坊のフロド。いちばん大きいオスのチンパンジーで、体重は約50キログラム

チンパンジーの家族

ジェーンの滝

午後になって、私たちはゴンベの森の滝へと向かった。うっそうとした樹林帯を抜けると、激しい水音が聞こえてきて、美しい滝が目の前に現れた。私たちは流れのわきの巨岩に腰を下ろし、疲れた体を休めていた。谷を吹き抜けてゆく風が、汗ばんだ肌に心地良い。

私たちはあたりの気配に耳を澄まし、チンパンジーの群れがここに現れればと思っていた。岩に腰かけ、じっと森を見渡しているジェーン・グドール。ここは彼女がゴンベの森にやって来た頃から数え切れないほど足を運んだ場所なのだろう。そして、ジェーンは大切な秘密をもらすかのようにつぶやいた。

「この滝にはたくさんの思い出があるのよ。まるで儀式のような彼らの踊りを初めて見たのも、ここだった」
もしかすると、ここが本の中に描かれていたあの場所なのだろうか。

私が生きている限り、フィフィと彼女の家族とエヴァレッドと一緒に過ごしたある日の午後のことを決して忘れないだろう。三時間にわたり、私は、仲の良い平和そのもののチンパンジーたちが、あっちこっちへと食べ歩き、子どもたちが遊んでいる間、休息をとったり、毛づくろいをしあったりするのについて歩いた。陽も傾きかけた頃、カコンベ谷へと下って行き、カコンベの流れに沿って東に進み、カコンベの滝の近くにある、土地の人々がムトボゴロと呼んでいるイチジクの林に向かった。その近くまで来ると、柔らかい緑の大気の中に、流れ落ちる滝の轟《とどろ》きが大きく響いていた。エヴァレッドとフロイトは、急に毛を逆立てて走り出した。木々の間に、滝が突然姿を現し、それは、十五メートルあるいはそれ以上の高さから一気に流れ落ちていた。

エヴァレッドはそこですぐに前に踏み出し、垂れ下がっているツルの一本をつかんで、水しぶきの舞い上がる流れの上を飛び越した。一呼吸おいてフロイトもそれに続いた。ふたりは、ツルからツルへ跳び移り宙に浮くのだが、細いツルが切れたり裂けたりしてしまうのではないかと思われた。フロドは流れの水際に沿って暴れ回り、岩を後ろに前にわきにと放り投げ、水しぶきで体の毛を光らせていた。

一〇分間、三人は荒々しいディスプレイを繰り広げ、その間、フィフィと彼女の幼い子どもは、川岸の高いイチジクの木からそれを見つめていた。チンパンジーたちは、おそらくは原初人類の間での原初的な宗教や風雨への恐れにたかまっていったような畏懼《いく》の感情を表しているのだろうか。絶え間なく流れ、しかも消え去ってしまうことのない、いつも同じようでいて刻々に変化する、生きているような水の神秘への崇拝なのだろうか。

ジェーン・グドールの著書『心の窓』の中で、ぼくが最も好きな箇所だ。

カコンベの滝

彼女が最後にゴンベの森を訪れてからもう半年以上がたっていた。資金集めや講演のため、彼女の生活は旅の連続だ。「この九年間で、一ヵ所に留まったのは、長くて三週間なの」と言う。フィールド研究者としての日々は十年前に終わったが、彼女は今なおゴンベのチンパンジーたちと過ごす時間を待ち望んでいる。そして今回の短い旅でも、ジェーンがどうしても会いたかったのがフィフィだった。フィフィは、ジェーンが三十五年前にゴンベで研究を始めた時に出合ったチンパンジーの中でただひとりの生き残りである。彼女は四世代にわたるチンパンジーの家族の歴史を見続けたのだ。そして今、フィフィはジェーンが最も心を通わせることができる存在だった。ぼくはずっとフィフィのことを聞かされてきたので、ジェーンと、このチンパンジーの関わりをこの目で見てみたいと思っていた。が、フロドの登場で、この日の再会はメチャメチャになってしまった。そしてその後も、フィフィは姿を現さなくなった。

夕方、キャンプに戻ると、私たちは素っ裸になって、タンガニーカ湖に飛び込んだ。風呂もシャワーもないので、世界で二番目に深いこの湖が私たちの水浴びをする場所だった。今はもうワニの心配はないが、危険なのはウォーターコブラだった。命を救うことができる血清がないのである。

けれども、滝のような汗をかいた私たちにとって、万が一の危険など気にならなかった。タンガニーカ湖は世界でもいちばん大きな、汚染されていない湖水だと言われ、ひんやりとした水温も心地良い。素っ裸で湖面をゆっくり泳いでいると、アフリカが体にしみ込んでくるような気がした。遠くへ目をやると、ジェーンもまた海のようなタンガニーカ湖をひとりで泳いでいた。

ゴンベ国立公園は、幅三キロメートル、長さもタンガニーカ湖の東岸に沿って十六キロメートルにも満たない小さな森だった。私たちは毎日森の中を歩き、夕方になると、キャンプから三〇分ほど山を登ったところにある餌場でも、フィフィの家族を待った。けれどもフィフィは現れなかった。

ビルは毎日ひとりで夜明け前から夕暮れまでチンパンジーの群れを追っていた。ジェーンもビルも無線を持っていて、おたがいにいる場所の地形の制約もあるが、何とか連絡を取ることができる。ジェーンはフロドの行動をいつも気にしているようだった。

「ビル、聞こえる？　フロドの様子はどう？　大丈夫だった？」

「ああ、オーケーだ。この前のようなことは起きていない」

「良かった。そうでないと、ミチオはもう二度とゴンベの森へ帰って来ないわよ」

毎日のように夕立ちが来て、またうそのように晴れ上がった。タンガニーカ湖対岸のはるかなザイールの上に光る稲妻は美しかった。あまりに遠いので音は聞こえず、ただ閃光だけが暗い空に舞っていた。ゆっくりと雨期が近づいているのだ。

そんな雨上がりのある午後のことだった。私たちは森の木陰で休みながら、とりとめのない時間を過ごしていた。ふとジェーンを見ると、目の前の草むらをじっと見つめている。一匹のクモが、雨露に濡れた草むらで糸を張っているのだ。クモもまた夕立ちに濡れたのか、雲間から射し込む陽を受けて光っている。そしてゆっくりと、確実に、どれだけ美しい糸を織っているかも知らずに、自分の仕事を果たしている。そんな何でもない風景に、ぼくも、いつも魅きつけられた。

フィールド研究員と交信中のジェーン

それぞれの思いのふけるジェーンとフロイト
フロイトは群れの中の最優位のオス。研究所の餌場にて

餌場の中でチンパンジーを待つジェーン

その土地に特別にあるものではなく、どこにでも共通する世界を発見することが、不思議で、面白かった。

いつか、アラスカ北極圏のツンドラで、カリブーの大群を待っていた日があった。じっとしていてもTシャツが汗で濡れてくる暑い暑い北極圏の夏の午後だった。見晴らしのきくベースキャンプ近くの丘に登り、双眼鏡で見渡しても、気の遠くなるようなツンドラの広がりに一頭のカリブーさえ見当らない。ザックを下ろし、土の上に寝転んだ。二十四時間の太陽エネルギーを浴びた地表は暖かかった。ふと気がつくと、一〇センチメートルほどの目の前を名も知らぬ小さな虫たちが動き回っている。しばらくして、川向こうのツンドラの彼方に砂ぼこりが見え、津波のようにカリブーの大群が向かって来た。やがてあたりはカリブーの海となり、すべての群れが通り過ぎるのに四、五時間はかかっただろうか。気がつくと視界には一頭のカリブーもいなくなり、アラスカの自然が見せてくれるこの動と静の世界にただ圧倒されていた。そしてあの日の記憶の中に、目の前で動き回っていた名も知らぬ虫たちの風景が不思議に生き生きと残っているのである。

クモの巣にじっと見入るジェーンを見つめながら、まだ彼女が五歳の子どもだった頃の初めての自然との出合いを思い出していた。

まだとても小さかったのですが、その時のことはとてもよく覚えています。実は、たまごのことで頭を悩ませていたのです。一体、メンドリのどこにたまごが出て来られるような大きさの穴があいているのかしら？　誰かに聞いてみたのかどうか、覚えていません。聞いたとしても、誰も教えてくれませんでした。そこで、自分で確かめることにしたのです……。

私はじっとしゃがんでいました。風の通らない、とても暑いところでした。わらが足にあたってチクチクします。陽の射し込まない、薄暗いところでした。でも、わらで作った巣の上に座っているメンドリは見えました。メンドリは、トリ小屋の向こう端、私から一メートル半ほどのところにいて、私がいることに気づいていませんでした。ちょっとでも動いたりしたら、すべてを台無しにしてしまうでしょう。だからじっと静かにしていました。巣の上のメンドリみたいに。

やがて、実にゆっくりと、メンドリは巣から体を持ち上げました。そして私の方にお尻を向けると、前かがみになりました。メンドリの両足の間の羽の中から、丸くて白いものが少しずつ押し出されて来るのが見えます。それはだんだん大きくなってきました。突然メンドリは軽く体をふるわせ——ぽとっ！——それはわらの上に落ちました。たまごが生まれるところを、私はこの目で見たのです……

ジェーンがチンパンジーの調査のためにゴンベの森へやって来た時、彼女は生物学のバックグラウンドを何も持っていなかった。その後ケンブリッジ大学で博士号は取ったが、彼女をずっと支えてきたものは、たまごを生むメンドリをじっと見つめていた五歳の頃の自然への想いではないだろうか。

ゴンベの森。チンパンジーを探して歩くジェーン

チンパンジーの鳴きまねをするジェーン

ぼくのファンタジー

　ぼくが子どもの頃に、頭を悩ませていたのは、北海道のクマの存在である。自分が日々、町の中で暮らしている同じ瞬間に北海道でクマが生きている。そいつは今、どこかの山を登りながら、大きな倒木を乗り越えようとしているかもしれない……そんなことを考え始めると、不思議で不思議でならないのである。そしてその不思議さは、自分の存在が消えてしまうとさらに不思議なのだ。つまり、クマと出合うのではなく、その風景を天空から見ている自分を考えることで、人間のいない世界に流れる自然の気配を想像する不思議さである。その頃は言葉にはできなかったが、それはすべてのものに平等に同じ時が流れている不思議さだった。

大人になって、ぼくは子どもの頃のそのファンタジーと重なる体験をした。ある秋の日、ぼくは北極圏を横切るブルックス山脈の谷を旅していた。そこはエスキモーの人々もほとんど足を踏み入れることのない、まったく人里離れた原野だった。ぼくはカリブーの大群の秋の季節移動に出合えないかと、この谷を流れる川をずっと遡上《そじょう》していた。

突然、一〇〇メートルほど先のブッシュの中から、十五、六頭のカリブーの角が上下に揺れながらこっちへ向かって来るのが目に入った。しかし広い河原に隠れる場所などなく、カリブーが灌木《かんぼく》の茂みから姿を現す直前に、ぼくは腹這いになってじっと動きを止めていた。群れは気付いた様子もなく、まっすぐ急ぎ足でやって来る。低く唸るようなカリブーの鳴き声が聞こえてきた。カチカチカチカチと奇妙な足音も近づいてきた。それはカリブーの足首の腱の鳴る音だった。ぼくは河原に伏せながら、そのかすかな音に耳を澄ませていた。目の前の石の間には色褪せたヤナギの葉がたまり、秋は終わりを告げていた。不思議な足音はどんどん迫り、カリブーは一列になって、ぼくのすぐ隣を通り過ぎて行った。自然の

アラスカの原野を移動するカリブーの大群

気配を何ひとつ乱さなかった快感があった。ぼくの姿が消え、人間のいない世界に流れるひそかな自然のリズムを垣間見たような気がしていた。

今振り返ると、子どもの頃に抱いた何でもない想いが、どこかで自分をアラスカへと運んで行ったような気がする。子どもの頃に少し引っかかったこと、漠然とした想いが、その人間の人生を決めてしまうことがあるのだ。

ゴンベでの毎日の食事は質素だった。時折、籠を背負った行商人が、近くの村から山を越えて魚や野菜を売りにやって来た。できる限り現地の人々と同じ食生活をすることが、ジェーンの考え方だった。一日中山の中を歩き回り、帰ってくると本当に腹ペコになるので、「食べる物がそのまま自分の血肉になってゆくような気がするよ。何だか、忘れていたような懐かしい感覚だな」と、夕食を食べながらぼくが話すと、皆がドッと笑った。

タンガニーカ湖にはダガーというイワシ類の小さな魚が生息していて、漁民は夜間に船を漕ぎ出し、ランプの明かりでダガーの群れを集め、網ですくい取る。真夜中、浜辺から見るたくさんの漁火《いさりび》は美しかった。そして夜明け前に、人々は歌いながら、ボートを漕いで村に帰って来る。夜寝ていると、どこからかそのリズム感のある歌が聞こえてきて、ぼくはアフリカの調べにじっと耳を澄ませていた。

朝起きると、ゴンベの浜を歩くのが楽しみだった。漁から帰った村人たちが無数の小魚を干していて、森の中から現れたヒヒの群れがそのわきを通り過ぎてゆく。ぼくは網をつくろう若者に「ジャンボ！」と声をかけ、彼もまた「ジャンボ！」と笑みを返してくる。どんな人生を送ってきたのか、どんな夢を抱いているのかも知らぬ人間同士が、ふと、おたがいの人生の一点で交差する。そればかりか、おそらくもう二度と出合うこともない。その一瞬は考えてみると、限りない不思議さをも秘めている。旅のスリルとは、思わぬ出来事が起こることではなく、何でもない一瞬一瞬の中にあるのかもしれない。

フィフィはあれからずっと姿を現していなかった。ジェーンはもう当分ゴンベの森には戻ってこない。この短い旅の間に、フィフィと心触れ合う時を過ごしたいジェーンの気持ちはひしひしと伝わってきた。

漁師小屋の前に干されたタカー

コンベの浜には、魚だけでなく洗濯物も干される

ジェーン・グドール研究所の資金集めのために世界中を駆け回らなければならない彼女のスケジュールは信じ難い。時には一日に四、五件も講演や会議をこなすという。それなのに、一九九三年には研究所が破産寸前の状態にあったというのだ。ゴンベだけではなく、各地に設けたチンパンジーの孤児施設の運営だけで年間五〇万ドル近くかかるらしい。ジェーンはいつも何かに追われながら疲れていた。が、「これほどリラックスしているジェーンを見たことがない」と、ミヒャエルは言った。ゴンベの森へ戻ってくると、彼女は初めてここにやって来た頃の何者でもなかった自分を取り戻すのだろう。

ミヒャエルが、時々ふざけて、ぼくの前に人差し指を出す。つまり、ぼくがその指を引っ張るとミヒャエルがオナラをするというバカバカしい冗談である。ある時、それを見ていたジェーンが本当におかしそうに笑った。ぼくは、その時のジェーンの少女のような表情を、美しいと思った。

ゴンベでの毎日は変化に富んでいて、朝起きたらベッドにサソリがうずくまっていたり、山道でブラックコブラに出くわすという体験はもちろんだが、何よりも興味深かったのは近くの村の人々の暮らしだった。どこからともなく夕餉《ゆうげ》の匂いが漂ってくると、ぼくは毎日のように村へ出かけて行った。ゴンベ周辺に暮らす人々は、ハ族、ルンディ族、ベンベ族に分かれ、農耕、漁業で暮らしを立てている。けれども、大きな漁船がタンガニーカ湖に入るようになってからは、魚がずいぶん少なくなってきたとも聞いている。湖で獲れた魚で夕食を用意するつつましい風景を眺めながら、いつまでこのような暮らしができるのだろうかと、ふと考えていた。

エスキモーやアサバスカンインディアンなど、アラスカ先住民の村を訪ねる時、いつも目を見張る風景がある。道がない世界なので、飛行機で入ってゆくわけだが、驚かされるのは村を取りまく原野の広がりだ。村の暮らしは急速に変わっていても、彼らを包み込む自然は太古の昔と何も変わってはいない。つまり、もし明日から遠い昔の暮らしに戻ろうとすれば、何もかもが用意されているのだ。彼らはピラミッドも神殿も建てはしなかったが、自然を変えなかった。狩猟民が持つ自然観は、私たちが失ってきたひとつの力である。

ゴンベの浜に下りてきたヒヒ

タンガニーカ湖の浜辺で

雨期はもう目の前まで来ているらしく、午後になるとどしゃ降りのスコールが通り過ぎて行った。

ある日、私たちは、ゴンベ国立公園の北の境界まで行ってみることにした。メンバーは、ジェーン、ビル、ケイト、ぼく、そしてチンパンジーの記録映画を撮っているイギリスのふたりのカメラマンだった。山道で再びコブラに出合いながらも、和気あいあいとした実に楽しいハイキングだった。尾根伝いの森を進んだので、木々の間からずっとタンガニーカ湖が見渡せた。

「ジェーン、いつかアラスカに来ませんか？」

「ええ、もちろん！　季節はいつがいいかしら？」

「やっぱり秋かなあ。紅葉が素晴らしいし、オーロラも見えるし……」

ぼくはふと、友人のジョンのことを思い出していた。もしジェーンがフェアバンクスに来られたら、ジョンはどんなに喜ぶことだろう。研究者という枠にはまらない、どこかアマチュアリズムの匂いがするふたりは、きっと意気投合するに違いない。

早春のある日、ぼくはジョンと一緒に冬ごもりのクマの調査に出かけたことがあった。やっと見つけた深い雪の中の巣穴から、慎重に麻酔薬の注射を打ってクマを引きずり出し、体重を量ったり、血液を採って健康状態を確かめた後、再びクマを元通りに巣穴の中へ戻すのだ。そのすべての作業を、麻酔が切れるまでの三〇分以内に終わらせなければならない。ぼくはあの時、眠っているクマの体に顔を埋めた。ただ野生の匂いを嗅いでみたかったのだ。今でも覚えているのは、何とも言えぬ甘い香りと、包み込まれるような温かさと、心臓の鼓動である。あの春の日の記憶は、ジョンを思い出すたびに重なり、いつまでも忘れられない。少しあきれながらも、ジョンはぼくの行動を見守っていてくれたのだ。

ムワンゴンゴの村

森が開けてくると、眼下にムワンゴンゴの大きな村が見えてきた。ゴンベの森は、わずか五〇平方キロメートルというタンザニアで最小の国立公園である。つまりチンパンジーの保護区は三方が村や畑で囲まれ、もう一方の境界は一〇〇〇人を超える漁師が野営する湖岸なのだ。もうすっかり伐採された公園の外の世界を目にすると、ゴンベの森の追いつめられた小ささと、よくぞ残ったという驚きを感じる。

もし、一九六〇年にジェーンがゴンベにやって来なければ、チンパンジーたちは生息地を失っていたことは間違いない。当時すでに、住民の間で森を開墾できるように保護区の指定を解除してほしいという動きが持ち上がっていたのである。それはアフリカが抱える人間と自然とのせめぎ合いだった。私たちは村まで下りてゆき、ちょうど南へと向かうバナナボートを見つけ、ゴンベの浜へと戻った。

その日の夕暮れは美しかった。ザイールの空も、タンガニーカ湖も、えも言われぬピンク一色に染まった。村の若者たちが水浴びに来ると、その姿は影絵のようだった。

夕食を終えた後も、私たちは浜で寝そべって、静かな夕べを過ごしていた。夜の帳《とばり》が下りていたが、月が出ていて、その光がタンガニーカ湖の水面に揺れていた。

「アラスカでは、今何をテーマに写真を撮っているの？」

「……いくつかあるけれど、大きなテーマとしてはカリブーです。動物の生態ではなくて、人間の暮らしを含めたテーマなんです。かつてアメリカの平原をバッファローが埋め尽くし、そのバッファローと共に生きていたアメリカインディアンの世界がありましたよね、それはもう遠い昔に消え去り、伝説となってしまった。この一〇〇〜二〇〇年で、かつて人間が持っていた、そこに立ち尽くしてしまうような畏怖や神秘を感じる自然を、ものすごいスピードで失ってきたような気がするんです。もうすべてが伝説となってしまって、もっと早く生まれてくれば、という想いがいつもどこかにありました……」

ぼくは、ジェーンの質問に、なるべく正確に答えようとしていた。

「……でも、アラスカで、その世界が伝説とならずに残っていたんです。それが

タンガニーカ湖の夕暮れ

カリブーの壮大な旅でした。アラスカ北極圏の原野を、二十一世紀を迎えようとする今、太古の昔の何も変わることなくカリブーの大群が旅をしています。見渡す限りのツンドラを埋め尽くしながら、ぼくのベースキャンプを通り過ぎて行ったことが何度かありました。たったひとりでその光景を見つめながら、何か自分の存在さえも消え、タイムトンネルを抜けて何千年も前の世界に迷い込んでしまったような気がしたものです。ツンドラの彼方に一頭残らず消えてゆくカリブーの大群を見ていると、この自然がいつまでも変わらないようにと祈りながら、同時にひとつの時代を見送っているような悲しさもありました。北極圏の油田開発がこの土地を脅かしつつあるのです。でも、とにかく、自分は間に合ったと思いました。

そして、このカリブーと共に生きてきたエスキモーやインディアンの人々の暮らしがあります。新しい時代を迎えるなかで、カリブーや極北の狩猟民はどうなってゆくのか、人間はどんな選択をしてゆくのか、とても興味があるのです……」

タンガニーカ湖に漁火が灯り始めていた。満月の夜は大漁になると誰かが言っていた。バブーンの叫び声が、時折りあたりのしじまを破り、浜辺に打ち寄せるかすかな波音だけが聞こえていた。

「これまでのアフリカの思い出の中で、何かひとつ選ぶとしたら何ですか?」

ぼくは、ふと、そんなことをジェーンに聞いてみたくなった。

「……そうね、たくさんあるけれど……」

ジェーンは、遠い記憶の中を旅するように、しばらく考えていた。

「……もうずっと昔のことだけど、タンガニーカのオルドバイ峡谷で、ルイス・リーキー博士の発掘作業に加わったことがあったの。彼は人類学者であり古生物学者でもあり、かつてセレンゲティにいた先史時代の生物について、ずっと調査していたわ。そこでリーキーはあの有名な猿人の頭骨を発見したの。

私はまだ若く、アフリカにやって来たばかりで、何か動物に関わる仕事を探していたのよ。リーキーとの出合いは私の人生を変えていったのだけれど、なぜか、あのオルドバイ峡谷で過ごした日々は忘れられない。数百万年前にこの大地を歩いていた生き物の骨を、初めて自分の手にした時のこともよく覚えているわ。あ

タンガニーカ湖の浜辺で遊ぶヒヒ

の頃はセレンゲティに道などなく、後に人類史で脚光を浴びることになったオルドバイ峡谷さえ知られていなかったわね。

毎日、仕事が終わると、私は友達と一緒にあたりの散策に出かけて行ったの。そして、あの日、キャンプからずっと遠出をしていた時、ふっと背後に何かの気配を感じたの。振り返って見ると、それは一頭の若いオスのライオンだった。十数メートルの近くで私たちをじっと見つめていたの。どうしていいのかわからなかった。友達は草むらの中に隠れるようにと言ったのだけれど、私はこのままゆっくり進むべきだと思った。ライオンは一〇〇メートルほど後をついて来て、私たちが谷を下りて平原を上ってゆくのをじっと眺めていたわ……あの時のことは、今でも思い出す……」

ジェーンの話を、ミヒャエルもじっと聞いていた。ひとりの人間の一生の記憶の中で、光を放ち続ける風景とは、一体何なのだろう。忘れ難い思い出がうそのように遠く去り、何でもない一瞬がいつまでも記憶の中で生き続けることが、きっとある。

オルドバイ峡谷から戻ってから、ルイスはタンガニーカ湖のほとりに住む野生チンパンジーのことをジェーンに話し、彼らの暮らしを知ることが私たち人間自身を知るきっかけになるだろうと説く。ルイスは矢を放ち、彼女の心はそれを受け止めたのだ。ジェーン・グドールはまさに運命のようにルイス・リーキーと出合い、ゴンベの森へと旅立ったのである。

人と人が出合うということは、限りない不思議さを秘めている。あの時あの人に出合わなかったら、と人生をさかのぼってゆけば、合わせ鏡に映った自分の姿を見るように、限りなく無数の偶然が続いてゆくだけである。が、その偶然を一笑に付するか、何か意味を見出すかで、世界は大きく違って見えてくる。

少し年老いたジェーンが、ゴンベの浜に座り、今、静かに波の音を聞いているということ……彼女はまさか自分の生涯をここで費やしてしまうとは想像しなかったに違いない。ぼくは、それぞれの人間がたどり着く、たった一度の人生の不思議さを思わずにはいられなかった。

タンガニーカ湖の湖畔で夕食前にくつろぐジェーンと地元ハ族のシャドラック
彼は、ゴンベ国立公園北部ミトゥンバの猿アカコロブスのデータを集めている

フロドとジェーン

ある日、研究所の餌場に、フロドが現れた。ジェーンは意を決してか、ゆっくりと近づき、フロドのすぐ横に座った。フロドはフィフィの息子であり、生まれた時からずっと見ていたチンパンジーなのだ。子ども時代の乱暴さをそのまま引きずり、五〇キログラム近い体重のフロドは危険な存在となっていた。とりわけジェーンが何度も攻撃されていて、あやうく首の骨を折りそうなこともあったらしい。ほとんどのゴンベのチンパンジーたちは、ジェーンの存在をおとなしく受け入れているが、フロドだけは彼女より優位に立ちたいと思っているのだろうか。

何が起きるのか、誰もがかたずをのんで見守っていると、何も起こらない。フロドは頭をかき、ソッポを向きながら、彼女を受け入れているようでもあり、無視しているようでもあった。

ぼくはタンザニア人のスタッフに、フロドのことをどう考えているのか聞いてみた。彼らもまた、長い歳月、ジェーンと共にチンパンジーを観察し続けてきたのだ。

「フロドはいい子だよ。ただジェーンと遊びたがっているだけなのさ」

「昔、森の中に入ってチンパンジーに出合うのはとても恐かった。今はそんなふうに思わないよ」

「チンパンジーを守る大切さはわかっている。子どもたちに、昔、この森にチンパンジーがいたんだよなんて話をするのは悲しいからね」

「昔はもっとずっと森が続いていて、天気も違ったな。今よりずっと雲があって、霧があった……」

ゴンベにいる間、時々、アラスカのことを思った。生命にあふれたアフリカの自然に魅かれながら、極北のあの研ぎ澄まされたシンプルな自然が懐かしかった。私たちはある風景に魅かれ、特別な想いを持ち、時にはその一生すら賭けてしまう。風景とは、ひとつの山であったり、美しい川の流れであったり、その土地を吹き抜けてゆく風の感触かもしれない。人間がどれだけ想いを寄せようと、相手はただ無表情にそこに存在するだけなのだが……私たちの前で季節がめぐり、時が過ぎてゆくだけなのだが……。

散歩するフロド

フィフィのおっぱいを飲むフェルディナンド

古い友人フィフィ

ゴンベを離れる日が近づいていた。寝る前にベッドの中にサソリが潜んでいないかとチェックする習慣もつき、朝飯を食べるメインハウスへの道でいつも待っているヒヒの威嚇も気にならなくなり、タンガニーカ湖の水もすっかり体にしみ込んだのに、私たちはもうゴンベを後にしなければならなかった。

最後の日、私たちは、一日中ゆっくりと森の中を歩いて過ごしていた。起伏の多い山道も、ツタがからまるヤブこぎも、もう苦にはならなかった。地面に這《は》いつくばりながら目の前のジェーンの足を追っていると、何だかタイムトンネルを抜けて、遠い昔のジェーン・グドールと一緒にいるような気がした。

ひとつの山を越え、次の谷へと下りてゆこうとする時、突然ビルから無線が入った。もし一〇分でも遅ければ、無線が届かない場所に私たちはいただろう。

「ジェーン、今、フィフィが二頭の子どもを連れて観察場に現れた。今、どこ？ すぐ来られるかな？」

私たちは、もと来た道を全速力で引き返し、四〇分ほどで森の中の観察場にたどり着いた。チンパンジーの家族が、まるでジェーンに別れを告げに来たかのように待っていた。

ジェーンはゆっくりとフィフィに近づくと、すぐ隣に座った。彼女は何かを話しかけていたが、遠くから見つめている私たちには聞こえてこなかった。二頭の子どもがジェーンの体に恐る恐る手を触れ、やがて安心したようにまとわりつき始めても、フィフィは古い友達のようにただ彼女のわきに座っているだけだ。まるで言葉を交わさなくとも、気持ちは通じているかのように……。

ジェーンの友人フィフィとフェルディナンド

ゴンベを去る日

翌朝、私たちはゴンベの浜を出て、鏡のように凪《な》いだタンガニーカ湖をボートでキゴマへと向かった。去りゆくゴンベの森は、来た時と違い、どこか親しみに満ちていた。またいつか戻ってくることがあるのだろうか。ボートからゴンベの森を見つめるジェーンを見ていると、これまで一体何度こんなふうに旅を繰り返してきたのだろうかと思った。子どもから大人へと成長し、やがて老いてゆく人間のそれぞれの時代に、自然はさまざまなメッセージを送ってくる。ジェーンにとって、これまで受けた最も深い自然からのメッセージは、最愛の夫デレックの死によってではないだろうか。

ジェーンは、デレックの死後、しばらくの間、ゴンベの森に引きこもった。そして、太古から何ら変わることのないこの森の中で、観察もせず、データを取ることもなく、ただチンパンジーと一緒にいるだけの時を過ごした。そうして精神が次第に回復してくるにつれ、チンパンジーとこれまで以上に直感的に感じ合えるようになり、自然界の波長に自分自身の波長を合わせて感じ取れるようになったのだという。

ぼくはボートの舳先《へさき》に座り、タンガニーカ湖の風を体いっぱいに受けていた。ミヒャエルはぼんやりと過ぎゆく浜辺の風景を眺めている。ジェーンは少し疲れたのか、荷物にもたれて目を閉じていた。陽はザイールの肩に落ち始め、夕暮れ近く、私たちはキゴマに着いた。

ここからはダルエスサラームには戻らず、翌朝、私たちは小型飛行機をチャーターして、ケニアのナイロビへと向かった。この時、初めてセレンゲティを空から見た。

やがてナイロビの近代的な都市がサバンナの彼方に現れ、アフリカはどんどん遠ざかって行った。

キゴマへ向かうボートにて。ジェーン、ミチオ、ピーター

旅の終わりに

ナイロビの町は、まるでヨーロッパのようだった。ホテルはセレンゲティへサファリツアーに行く観光客でごった返していた。あまりに華やかで、タンガニーカ湖のゴンベの森ははるか彼方へと遠ざかった。私たちは久しぶりに糊《のり》のきいたシーツで眠った。

ナイロビでのジェーンの仕事は、新しくできたチンパンジーの孤児のための保護施設を見に行くことだった。ジェーン・グドール研究所は、野生のチンパンジーだけでなく動物園や研究施設に飼われているチンパンジーの待遇改善にも取り組んでいた。そして今、母親や仲間のチンパンジーから引き離されて行き場を失った子どもたちのためのサンクチュアリを作る計画も進められている。

ナイロビでも、キゴマでもそうだったが、ゴンベの森から離れたジェーンは、さまざまな要人と会わなければならない、過密なスケジュールの中のジェーン・グドールに戻っていた。ホテルで朝食を取っていても、いつも何かを考えているようだった。このどこか求道的なエネルギーは、一体彼女の華奢《きゃしゃ》な体のどこから生まれてくるのだろう。

最後の夜、私たちはジェーンの古くからの友人の家に夕食に招かれた。明日、ジェーンは南アフリカのヨハネスブルクへ、ミヒャエルはオーストリアのザルツブルクへ、そしてぼくはアラスカへと戻ってゆく。

私たちは外のテラスで夕食を取りながら、この旅の思い出、アラスカのこと、アフリカの昔話など、さまざまな話に花を咲かせた。そしてジェーンは、少し、「ルーツ・アンド・シューツ（根っこと新芽）」の話をした。それは、子どもたちと若い世代のための、自然の理解、未来の人間と自然との共生への正しい道の模索を呼びかける活動で、現在、世界三〇カ国以上で展開されている。そのメッセージは、私たちひとりひとりが一生において果たす、それぞれ大切な役割を持っていて、もしそうしたいと思って努力をすれば、この世界をほんの少しずつ良い方向へと変えることができるという願いだった。

ジェーンは、突然手を差し延べ、私たちひとりひとりの手を握った。ぼくは、何か、言葉にならない約束をさせられたような気がした。それが、私たちのアフリカの旅の終わりだった。

ザイールのハンターが捕らえた孤児のゾロとミチオ

引用文献

Through a Window: My Thirty Years with the Chimpanzees of Gombe, Jane Goodall, 1990（『心の窓――チンパンジーとの三〇年』高崎和美・高崎浩幸・伊谷純一郎訳、どうぶつ社、一九九四年）

＊本書の原稿は、星野道夫氏がカムチャツカ撮影行に旅立つ前日、一九九六年七月二十一日に脱稿されました。

＊写真のキャプションは、ジェーン・グドール、ミヒャエル・ノイゲバウアー、青木久子 三氏の協力を得て作成され、新規の写真など一部は筑摩書房編集部で作成しました。

＊ジェーン・グドール氏の活動については、次のウェブサイトをご覧ください。

［英語］ジェーン・グドール インスティテュート（Jane Goodall Institute）https://janegoodall.org

［日本語］特定非営利活動法人ジェーン・グドール インスティテュート ジャパン（Jane Goodall Institute Japan）https://www.jgi-japan.info

特別寄稿

ミチオがそこにいるだけで

ジェーン・グドール［チンパンジー研究者］

ゴンベ国立公園の北の境界までミチオを案内したあの日、途中の上り坂は急だった。下草が茂るところは四つん這いにならって進まなければならなかった。大切な写真機材を入れたリュックを背負うミチオは、時々目に入る汗をぬぐっていた。彼は寒いアラスカの澄みきった空気の中から、いきなり蒸し暑いゴンベへやって来たのだった。過酷なハイキングの仲間は他に四人いたが、ミチオは決して誰にも、重い荷物を運ぶ手伝いをさせなかった。

結局、チンパンジーには遭遇しなかった。でもミチオに、海抜一五〇〇メートル、面積わずか五〇平方キロメートルしかないゴンベ国立公園の森の状態を知らせることができた。岩だらけの山にある渓谷の急な斜面にのみ、かろうじて森林が残っている。私はミチオに言った。チンパンジーも同じようにこの辺りまで来て、彼らにとってなくてはならない森の茂みから、谷間に住む大勢の人々の暮らすさまを、じっと見下ろしていることがあるのだ、と。

ゴンベには、三つの群れをなす合計約一五〇のチンパンジーしかいない。非常に少ない数だ。近辺に住む人間の急速な増加と、農地の拡大により、他のチンパンジーからかなり隔離された状態にある。そのために遺伝的変異が充分にないので、ゴンベのチンパンジーの長期的存続は危ういと思われる。しかしながら、私が何十年も親しんできたチンパンジーのとりあえずの安全は確保されている。公園内の不法伐採はなく、密猟もほとんどない。アフリカの他のチンパンジー生息地では事情は異なり、チンパンジーが次々に姿を消していっている。理由は、人間の領域の激増、製材業者による大規模な伐採、食料またはペット市場に出す目的で行われる子どものチンパンジーの捕獲などだ。この現状を知って、援助の手を差し延べる人が増えれば、それだけチンパンジー存続の可能性も大きくなる。なんといっても、チンパンジーは野生動物の中で、私たち人間にいちばん近い親

樹上のチンパンジーを見つめるジェーン

戚なのだから。こういうことを常に考えているので、著名な野生生物写真家、星野道夫がゴンベに来ると聞いて、私は大喜びした。彼ほどの力量の写真家が強い関心を持って関われば、必ず野生チンパンジーの助けになると感じたからだ。

ミチオは、私の親友で後援者でもあるオーストリアのミヒャエル・ノイゲバウアーと一緒に来た。そして、私と研究チームが一九六〇年からずっと観察し続けているカサケラ集群のチンパンジーたちに会った。私が大好きなグレムリンと彼女の二人の子ども、青年のガラハトと幼児のガイア。グレムリンの弟、ゴブリンとギンブル。私が初めてゴンベに来た時、すでにいたチンパンジーで今なお生きている唯一の存在、フィフィと彼女の家族。一九七一年生まれの長男フロイト——集群最優位のオスだ。弟のフロドは、自分の強さを周りの人間にもチンパンジーにも誇示する森の問題児である。それからフロドの弟、ファウスティーノとフェルディナンドにもミチオは会った。

ミチオがチンパンジーの写真を撮るのを見ているのが、私のいちばんの楽しみだった。ミチオがそこにいるだけで辺りは穏やかで優しい雰囲気に包まれた。チンパンジーはミチオのそばでは、いつもリラックスしていた。こんなことは、あまりない。動きの激しい人や声の大きな訪問者がいると、チンパンジーは緊張する。なによりもミチオは、チンパンジーに敬意を表し、そのことを彼らは直感で、わかっていたのだ。

日本の友人ヒサコの紹介で、二度ばかり電話で話したことはあったが、今回の旅で、私は初めてミチオに会った。たった一〇日間を一緒に過ごしただけだった。でも最初から、ミチオの思いやり深い人柄にふれ、長年の友に会ったような気がした。毎晩、私たちはゴンベの浜辺に座って、タンガニーカ湖の対岸、ザイールの丘に沈む夕日に見とれながら、その日の出来事について話し合った。

数日をゴンベの森で過ごした後、私たちは四人の仲間と、ケニアのスウィートウォーターズにあるチンパンジー孤児保護施設に出かけた。孤児の多くはザイール東部で生まれ、母親が撃ち殺されたあと、ブルンジに密輸入された哀れな子どもたちで、それを発見した協力的なブルンジ政府により、ブルンジのジェーン・グドール研究所に引き渡されたのだった。その後、孤児は二つのグループに分け

てスウィートウォーターズに輸送された。ミチオがいた時には、年長のグループ一〇人が到着しただけだった。

ミチオを、アフリカと私の愛するチンパンジーに紹介するのは、この上ない喜びであり、光栄なことだった。生涯忘れられない日々を、彼と一緒に過ごした。特に印象深いのは、ダルエスサラームの私の家のベランダに座っていたあの日のこと。蒸し暑い日だった。でも、ミチオが彼の写真集『アークティック・オデッセイ――遥かなる極北の記憶』を開いたとたんに、北極圏の冷たさが伝わってきた。吸い込む空気さえ変化したような気がした。アラスカの写真集はたくさんあるが、アラスカの神秘を、アラスカの魂を、あのように表現した作品は他にない。本のページを繰りながら、私たちは、いつか私がアラスカを訪れる日のことを話していた。その時は、ミチオが心から愛する世界の美しさを、私に紹介する番だと。

どんな場合でも、人生の真っ只中に起こる予期せぬ突然の死は、残された者に大きなショックを与える。ミチオの死を、私はまったく信じられない思いで聞いた。彼はあまりにも生きる喜びにあふれていた。彼の魂は、大自然の美、特にアラスカに魅せられていた。ミチオが地球上で過ごす時間を奪ったのが、アラスカのクマでなくてよかった。そのことが、せめてもの慰めになった。クマはミチオの肉体を傷つけはしたが、魂までは奪えなかったはずだ。いつの日か、アラスカへ行ったなら、そこでミチオの存在を強く感じるだろうと信じている。そして、ほんのわずかでも彼の魂がゴンベにも残っていると思いたい。ミチオは、いつか再び、ゴンベで、チンパンジーと一緒に過ごしたい、写真も撮りたいと語っていたので。

一九九七年一月七日

Dr. Jane Goodall, DBE
Founder-the Jane Goodall Institute &
UN Messenger of Peace

ゴンベの森を流れる小さな川で

解説

地点から地球へ

管啓次郎

星野道夫のことは忘れてはいけない。忘れたくない、稀有《けう》の存在だった。

自分以外の人間が半径nメートル以内にはだれもいないという状況を想像してみてほしい。そのnがしめす距離を、たとえば1キロ、5キロ、10キロと延ばしていくと、それはわれわれがまず一度も経験したことのない孤立だと思う。自分ひとり、他にヒトは誰もいない。その代わり、そこにはさまざまな種の野生動物がたくさんいて、かれらを生かす植物や菌類の生態系がひろがっている。人類の歴史を考えてみようか。農業革命以前のヒトは、もともと少数で、ごくごく薄く地表に分散していたにちがいない。狩猟採集で生きたかつてのわれわれは、大型類人猿のライフスタイルとの連続性を保ちながら、動植物についての知識を土台として生存を試みていた。あたりまえのことだが、それこそ都市化と文字の時代に入って以来の人間が、ゆっくりと忘れてきたことだ。そしてその忘却は、二十世紀以後、すさまじい加速ぶりを見せている。

星野道夫がわれわれにとって大切なのは、彼がいまいったような意味での「孤立」を、ほとんどどんな人間よりも多く経験したからだ。たったひとりでアラスカの原野におもむき、そこにたたずみ、あるいは眠る。植物や動物たちの生に、耳をすまし、目をこらす。地形や気象の変化にも、天体の運行にも、いつもしっかり注意をかたむけている。周囲にヒトは他にだれもいない。だがそこでは、まるごとの生命の歴史が、途切れ目なく全面的に展開している。その経験が教えるものは何か。ひとことでいって「人間がいない地球はどうだったか」ということだろう。テクノロジーで武装した、あまりにも個体数が多くなったヒトが他の生物種の生に大規模に介入するようになって以来の時代とは、地球の生命の歴史の中ではほんの一瞬にすぎない。しかしその一瞬のあいだに、ヒトの活動が原因となって絶滅あるいは甚《はなは》だしく減少した種は、枚挙にいとまがない。

アラスカの大型野生動物も、危機にさらされていることは疑えない。そのすべてが失われてしまうまえに、太古以来の、人間によって損なわれていない生命の世界を目にしたいというのが、星野さんの出発点にあった願いだったろう。彼の想像力の核心にあるのは「人間以前の世界を見たい」という気持ちで、それはまたいやでも「人間以後の世界」を想像してしまうことにつながる。ヒトがはじまる前の地球、ヒトが消えたあとの地球。われわれが「世界」と呼んで自明視している状態が、いかに枠づけられた限界の内部での小さな現象でしかないかを自覚することは、ヒトが他の生物に対してとるべき態度を決めるための出発点だ。

そんなことを思いつつ本書を読むと、胸をつかれることの連続だ。星野さんによる原稿は、彼が「カムチャツカ撮影行に旅立つ前日、一九九六年七月二十一日に脱稿」されたとある（一四〇ページ）。彼がクリル湖畔のテントでヒグマに襲われて亡くなったのが八月八日。ほぼ遺稿に近いと考えていいだろう。それだけに、ここに書きつけられた言葉のいくつかは、彼が考えてきたことの最終的な完成形とみなしていい。思想とはおそらく若いころに摑《つか》みとられた核心が、ハンマーが釘を打つように、きつつきが木の幹を叩くように、くりかえしくりかえし使われては鍛えられていくものだが、この本ではアラスカで自己形成をおこなった星野さんが初めてのアフリカにゆき、その土地と人々と動物たちに出会ったときの新鮮な感動と認識が、飾り気なく記され、読者に与えられている。その焦点にいるのはジェーン・グドール博士。二十世紀自然思想の巨人のひとりだ。

もちろん、「アフリカ」という名によって一般化された、あまりにも広大な土地の全体を訪れることなど、だれにもできない。われわれはいつも具体的なひとつの地点を訪れ、その地点のまわりの限られた面積の土地を体験することしかできないのだ。星野さんが訪れたのはゴンベの森。ジェーンが若いころから野生チンパンジーの群れとともに生きるために、必死で守ってきた場所だ。一九六八年以来、タンザニアの国立公園のひとつとなっている。本書が証言するのは、この森でのジェーンとミチオの、まさに一期一会の邂逅《かいこう》だ。そしてこの出会いは、ふたりがそれぞれに背後に携えている風景と生命の記憶の圧倒的なゆたかさのせいで、その場にいなかったわれわれをも新鮮な気持ちにしてくれる、さわやかな風のような出来事となった。

「人が旅をして、新しい土地の風景を自分のものにするためには、誰かが介在する必要があるのではないだろうか」(一四ページ)。そのとおりだと思う。人の旅には必ず先行者がいる。人が風景と出会うには、必ず媒介者が必要だ。それが欠けている旅は、しばしばただの移動でしかない。また、その土地に生きる人々とふれあうことのない移動は、どれほど豪奢《ごうしゃ》であっても結局はみじめな「観光」に終わるだろう。われわれは誰もそんな旅を望んでいるわけではない。われわれが、さまざまな偶然に翻弄されながら経験できるのは「地点」のみ。しかし、少しでも深く知った地点と地点がむすびつき、地表にいわば足跡のウェブが成立したとき、われわれは「地球」という途方もない全体を想像するための、足がかりを得たということになるだろう。

星野さんの想像力というか思考態度として、ぼくがおもしろいと思う点はふたつある。まず、それぞれの土地の人間に対する興味。もうひとつはアマチュアリズムに対する好みだ。

「原野に浮かぶ光にも、大都会を埋め尽くす夜景にも、ぼくは同じような愛しさを感じていた。それは人間の営みが抽象化され、私たちの存在がひどくはかないものに見えるからかもしれない」（二九ページ）。「見知らぬ異国にやって来て考えることは、そこで暮らす人々と自分の埋めようのない距離感と、同じ時代を生きる人間としての幸福の多様性である」（三二ページ）。タンガニーカ湖畔に行けば、地元の人たちの生活の苦しさやそれが生む野生動物たちへの圧力のことも考えざるをえない。ジェーンとの対話では、アラスカでの自分の主題を聞かれて「動物の生態ではなくて、人間の暮らしを含めたテーマなんです」（一一三ページ）と明言している。この意味で、星野さんは動物写真家ではなく風景写真家、ただしその「風景」には多種の動物もヒトの生活もすべてが含まれている、といっていいだろう。

アラスカの友人ジョン・ヘクテルの「ある種のアマチュアリズムが好き」と語る星野さんはジェーンの中にも共通するアマチュアリズムを見ていて、これがぼくを考えこませた。雨露に濡れた草むらで糸を張るクモをじっと見つめるジェーン、メンドリが卵を産むところを観察する五歳のジェーン、麻酔で眠るクマの毛に顔を埋めてその匂いを思いきり嗅いだ星野さんの思い出。アマチュアとはもちろん愛のためにその活動に手を染めているという意味でもあるが、それ以上に「はじまりを忘れない」という点が重要なのではないかと思う。はじまり、出会い、驚き。レイチェル・カーソンの有名なフレーズを使うなら「センス・オヴ・ワンダー」(ふしぎ感覚)が発動した、最初の瞬間。その記憶。それに忠実に、その出会いを反復しつつ、探求の線を延ばしていくこと。それがアマチュアリズムの本質だろう。

こうしてここにまとめられた写真をゆっくり見て、ミチオとジェーンの言葉に耳を傾けるとき、ぼくらにももういちどはじまりに帰っていこうという気持ちが生まれないだろうか。何のはじまり？ 他の種の生命たち(動物でも植物でも)との出会いのはじまり、知らない人々を知ることによる世界の拡大へのはじまり、ヒトがヒトになって以来の人類史のはじまり。それはひとことでいって旅のはじまりだ。何度でも反復されていい、反復されることではじめて意味が明らかになってくるようなはじまりだ。

旅をはじめよう。

本書は、写真集『GOMBE』(一九九七年九月)と、単行本『アフリカ旅日記 ゴンベの森へ』(一九九九年八月)、同文庫版(二〇一〇年八月)の三冊(いずれもメディアファクトリー刊)をもとに、未掲載だったものを含め写真を選定しなおし、再構成したものです。今回の文庫化にともない、誤字を訂正し、新たに管啓次郎氏による解説を加え、改題しました。

ちくま文庫

ゴンベの森《もり》へ
――アフリカ旅日記《たびにっき》

二〇二五年三月十日　第一刷発行

著　者　星野道夫（ほしの・みちお）
発行者　増田健史
発行所　株式会社　筑摩書房
東京都台東区蔵前二―五―三　〒一一一―八七五五
電話番号　〇三―五六八七―二六〇一（代表）
装幀者　安野光雅
印刷所　ＴＯＰＰＡＮクロレ株式会社
製本所　加藤製本株式会社

ISBN978-4-480-43992-5　C0195